PRICE
IS WHAT YOU PAY
VALUE
IS WHAT YOU GET

WARREN BUFFETT

PRICE
IS WHAT YOU PAY
VALUE
IS WHAT YOU GET

WARREN BUFFETT

FBV

Bibliografische Information der Deutschen Nationalbibliothek
Die Deutsche Nationalbibliothek verzeichnet diese Publikation in der Deutschen Nationalbibliografie; detaillierte bibliografische Daten sind im Internet über http://d-nb.de abrufbar.

Für Fragen und Anregungen:
info@finanzbuchverlag.de

1. Auflage 2016

ein Imprint der Münchner Verlagsgruppe GmbH
Nymphenburger Straße 86
D-80636 München
Tel.: 089 651285-0
Fax: 089 652096

Lektorat: Sonja Rose
Satz: Daniel Förster, Belgern
Druck: Xiangtai Printing Industrial Inn.
Printed in China

Weitere Informationen zum Verlag finden Sie unter

www.finanzbuchverlag.de

INHALT

DAS BESTE, WAS JEMALS ÜBER KAPITALANLAGE GESCHRIEBEN WURDE

»Die erste Auflage dieses Buches las ich Anfang 1950, als ich 19 Jahre alt war. Damals hielt ich dieses Buch mit Abstand für das beste, das jemals über Kapitalanlage geschrieben wurde.«

Ein schöner Satz. Noch schöner wird er, wenn der glückliche Leser auch noch hinzufügt:

»An dieser Meinung hat sich bis heute nichts geändert.«

Noch schöner und vor allem bedeutsamer wird er, wenn man weiß, wer das über wen gesagt hat: Warren Buffett über seinen Lehrmeister Benjamin Graham. Ersterer ist immerhin seit Jahrzehnten einer der reichsten und gleichsam bodenständigsten Menschen der Welt, dem man eines ganz sicher nicht vorwerfen kann: grundlose und beständige Euphorie.

Und trotzdem war Graham für Buffett – wie er selbst schreibt – »weit mehr als ein Autor oder Lehrer ... er hat mehr als jeder andere – außer meinem Vater – mein Leben beeinflusst«. Nun, nicht zuletzt hat ihn Grahams Ansatz, den Buffett so erfolgreich wie kein anderer adaptierte, zu einem der wohlhabendsten Menschen der Welt gemacht und das mit einer Bescheidenheit, die man unter den Superreichen unserer Zeit nur selten findet.

Vielleicht liegt es an der Bescheidenheit, Disziplin und Nähe zur Realität, die Graham schon im Vorwort zu *Intelligent Investieren* kolportiert: »Das vorliegende Buch ist kein Werk der Spezies »Wie man eine Million verdient«. Es gibt keine sicheren und einfachen Wege zum Reichtum, nicht an der Wall Street und auch nicht anderswo.«

Das unterscheidet sich ohne Zweifel vom Wunsch so manchen Anlegers, der am liebsten übers Wochenende reich werden möchte. Cashflow, Bilanz, Kurs-Gewinn-Verhältnis, Wachstumsraten und Marktanteile, die Einstellung des Managements, die Zukunftsperspektiven – das klingt einfach nicht sexy genug, wenn man schnell zu Wohlstand kommen möchte. Und doch ist der Weg, den Graham mit seinem ersten Buch *Die Geheimnisse der Wertpapieranalyse* und dem darauf folgenden *Intelligent Investieren* – quasi die »populärwissenschaftliche Version« – einschlug, sicher nicht der schnellste – aber ohne Frage der sicherste Weg sein Vermögen zu mehren, ohne den ganzen Tag auf schwankende Aktienkurse zu starren und tausend Tode zu sterben, wenn der Kurs mal wieder ein paar Prozent einbricht.

Was also können Sie lernen, wenn Sie Grahams Bestseller aufmerksam studieren? In erster Linie die drei wichtigsten Lektionen des Investierens:

- wie Sie die Risiken minimieren können, endgültige Verluste zu erleiden;
- wie Sie die Chancen maximieren können, ansehnliche Gewinne zu erzielen;
- wie Sie das selbstzerstörerische Verhalten unter Kontrolle bringen können, das die meisten Anleger daran hindert, ihr volles Potenzial auszuschöpfen.

Dazu müssen Sie weder ein Genie sein, noch ihr ganzes Leben tief mit der Nase in Bilanzen verbringen. Buffett hat einmal gesagt: »Wenn Sie mehr als 120 IQ-Punkte haben, können Sie die restlichen verkaufen.« Und auch Graham meint, wenn er von einem intelligenten Investor spricht, schlicht »geduldig, diszipliniert und lernbegierig« zu sein. Das schafft jeder. Auch Sie.

Wir vom FinanzBuch Verlag sind stolz darauf, dass Benjamin Grahams Klassiker seit mehr als 10 Jahren ununterbrochen zu den Bestsellern des Value Investing gehört. Und wir wissen eines ganz sicher: das wird auch in Zukunft so sein. Wir wünschen Ihnen viel Vergnügen bei der Lektüre eines der lehrreichsten Bücher, das Sie überhaupt lesen können. Und nun überlassen wir das Feld »den Großen« des Value Investing – die noch viel besser als wir wissen, warum »Intelligent Investieren« einen Logenplatz in jeder Bibliothek haben sollte.

Ihr FinanzBuch Verlag

ECKART LANGEN V.D. GOLTZ

GRÜNDER UND
GESCHÄFTSFÜHRER DER
PSM VERMÖGENSVERWALTUNG

Theorien sind mir eigentlich ein Gräuel. Ich bin ein Mann der Praxis und flog deshalb im zarten Alter von 21 Jahren hochkant aus einer Vorlesung, nachdem ich meinem Volkswirtschafts-Professor zu deutlich mitteilte, dass seine Lehren realitätsfern und schon längst überholt seien. Diese Frechheit brachte mich dazu, meinen eigenen Weg zu gehen und eine eigene Vermögensverwaltung zu gründen: Die PSM, ausgeschrieben Portfolio Strategy Management. Gegründet wurde sie 1965 in München und sie ist seit nunmehr fünf Jahren in Grünwald ansässig.

Benjamin Graham, der mit seinen Theorien der richtigen Anlagestrategie in der praktischen Umsetzung große Erfolge erzielte, war mir dagegen ein Vorbild. Intelligent investieren eben. Nicht umsonst ist einer der weltweit erfolgreichsten Investoren namens Warren Buffett eine Art Ziehsohn von ihm.

Beindruckend ist seine Art, Unternehmen und Märkte zu analysieren. Daran habe auch ich mir ein Beispiel genommen und schon als Jugendlicher den Wirtschaftsteil der großen Tageszeitungen und sonstiger mir zugänglichen Medien aus dem Finanzbereich regelrecht verschlungen. Seit Gründung der PSM im Jahre 1965 habe ich zudem ein umfangreiches Archiv angelegt. Ein Hort an geballten Informationen, die wir im Hause PSM immer wieder zu Rate ziehen.

Eine seiner Thesen zum sogenannten »Inneren Wert« einer Aktie ist heute noch essenziell für die Bewertung eines Investments. Mit der Betrachtung von Bilanzen und Kennzahlen war Benjamin Graham in den 1920er-Jahren seiner Zeit weit voraus. Auch wir analysieren heute noch für uns interessant erscheinende Werte nach dieser Methode.

Weg von irrationalen Einschätzungen und hin zu fundamental begründeten Bewertungen und Analysen – Benjamin Graham hat diesen Weg für seine und künftige Generation entdeckt, geebnet und gangbar gemacht.

Einer seiner Leitsätze ist auch für die PSM Vermögensverwaltung maßgebend. Der Vermögenserhalt und die nachhaltige Wertsteigerung stehen bei uns an erster Stelle. Für Graham war Sicherheit das wichtigste Gebot bei der Geldanlage.

Ebenfalls eine Grundlage unserer täglichen Arbeit mit den uns anvertrauten Kundengeldern.

Eine weitere Prämisse unseres Hauses ist ebenfalls auf Benjamin Graham begründet. Er betonte immer wieder, dass Aktien nur dann gekauft werden sollen, wenn sie unterbewertet sind. Wir schaffen es immer wieder, unterbewertete Aktien zu finden, um die Performance unserer Kunden zu erhöhen.

Schnäppchen-Aktien, wie Graham sie in seinem Buch beschreibt, sind dagegen rar gesät. Seine Tipps, sie zu erkennen, sind jedoch heute noch Gold wert. Einer der beiden Tests, ist die Methode der Bewertung. Dieser beruht weitgehend auf der Bestimmung künftiger Gewinne und der anschließenden Multiplikation mit einem Faktor, der dem entsprechenden Titel angemessen ist.

Das liest sich einfach, erfordert aber sehr gute Kenntnisse in den Märkten, in denen diese zu testenden Unternehmen tätig ist. Die zweite Betrachtung erfolgt über den Wert, den das Unternehmen für einen Privateigentümer hat. Auch dieser Wert berücksichtigt die künftig zu erwartenden Gewinne. In erster Linie wird jedoch der realisierbare Wert des Anlagevermögens, vor allem das Nettoumlaufvermögen und das Betriebsvermögen unter die Lupe genommen.

Auch wenn Schnäppchen-Werte immer seltener werden, ist die tägliche Analyse der Aktienmärkte für die PSM Vermögensverwaltung ein wichtiger Bestandteil unserer Arbeit. Dabei verfolgen wir in dem Verwirrspiel von Prognosen, Meinungen und Ängsten eine klare, stabile und bereits mehrfach ausgezeichnete Erfolgsstrategie des Werterhalts. Ganz im Sinne von Benjamin Graham, dessen Buch auch unerfahrenen Anlegern Klarheit für ihre zukünftigen Investitionen bringen kann.

Eckart Langen v. d. Goltz

DR. HENDRIK LEBER

GESCHÄFTSFÜHRENDER GESELLSCHAFTER DER ACATIS INVESTMENT GMBH

Das Handwerk des Investierens hatte einen Anfang. Benjamin Graham gab uns 1934 das Handwerkzeug, mit dem seitdem alle Investoren arbeiten.

Börsentransaktionen und Termingeschäfte gibt es schon seit tausenden von Jahren – schließlich haben schon ägyptische Bauern ihre Ernten auf Termin verkauft, um ihre Erlöse zu sichern.

Die Aktiengesellschaft (mit festem Kapital, begrenztem Haftungsrisiko und frei handelbaren Aktien) in Kombination mit einer geregelten Börse ist hingegen eine relativ späte Erfindung des 17. Jahrhunderts (die niederländische Ostindiengesellschaft wurde seit 1602 in Amsterdam gehandelt). Danach wurde hunderte von Jahren auf Basis unvollständiger und manchmal veralteter Information investiert, gehandelt, beliehen, spekuliert und natürlich auch manipuliert. Die schnelle Verfügbarkeit von Informationen war immer der Schlüssel zum Erfolg. Ratingagenturen wie Standard & Poor's oder Moody's gaben dann seit ca. 1860 ihre systematischen Kommentare zum Beispiel zu Eisenbahnanleihen ab.

Dann kam der Börsencrash von 1929, und der amerikanische Kongress erließ den Securities Act von 1933, im Folgejahr den Securities and Exchange Act. Diese Gesetze zu Wertpapieren und zu Börsen waren die Geburtsstunde der Publizitätspflicht und damit des wissenschaftlichen Investierens.

Mein Exemplar des Securities Act ist eine Version aus dem Jahr 1975. Sie leitet ein mit den Worten »To provide full and fair disclosure of the character of securities sold in interstate and foreign commerce ... and to prevent frauds in the sale thereof ...« In der heute gültigen Fassung fehlt dieser sinngebende Text interessanterweise. Im diesem Gesetz wird unter anderem geregelt, dass in einem Verkaufsprospekt eine Bilanz und eine Gewinn- und Verlustrechnung abgedruckt sein müssen.

Die Pflicht zur Transparenz war neu. Mit einem Schlag wurden Investoren gleichgestellt – sie bekamen Zugang zu Informationen (Damals, vor der Erfindung von Kopiergerät und Internet musste man die Dokumente noch bei der Börsenaufsicht einsehen). Die Informationsbasis war gelegt – wie aber sollte man die Informationen interpretieren?

Es war kein Zufall, dass ein Jahr später Benjamin Graham sein Buch zur Wertpapieranalyse (gemeinsam mit David Dodd) publizierte. Graham, selbst ein erfolgreicher Investor, schuf die wissenschaftliche Grundlage für sinnvolles Investieren und lehrte dies viele Jahre an der Columbia Business School. In den Jahren kurz vor und nach der Weltfinanzkrise entstanden auch die ersten Investmentfonds und der Beruf des Finanzanalysten.

Es gibt zwei Ansätze des Investierens – der eine beginnt beim Unternehmen und seiner Bilanz (so machte es Graham), der andere nimmt die Kurse und deren Entwicklung als Ausgangspunkt. Diese letztere Richtung entwickelte sich als Portfoliotheorie in den 50er-Jahren – und mit ihr wollte Graham nichts zu tun haben.

Machen wir es kurz: Benjamin Graham war ein begnadeter Lehrer und seine Schüler waren außerordentlich erfolgreich. Graham war selbst ein erfolgreicher Investor, aber auch ein Genießer und er verbrachte die späteren Jahren seines Lebens in Südfrankreich (»Why should I try to get any richer?«).

Am 5. Mai 2005 war ich im Coronado Hotel in San Diego, gewissermaßen im Andenken an Benjamin Graham. Dort hatten sich die erfolgreichen Schüler von Graham in den 60er-Jahren jedes Jahr zu Ehren ihres Meisters wiedergetroffen. Auf den damaligen Gruppenfotos sind neben Graham Investmentpersönlichkeiten wie Buffett, Munger, Knapp, Gottesman, Schloss und Ruane zu sehen. Für Kenner ist dies die Crème de la Crème des wertorientierten Investierens. Warren Buffett, bester Student von Graham, nannte sie in einem Aufsatz die »Superinvestoren von Graham- und Doddsville«: Legendäre Persönlichkeiten mit starkem Willen, Analysekraft und großen finanziellen Erfolgen.

Warren Buffett selbst wurde, aufbauend auf den Prinzipien von Graham, einer der reichsten Männer der Welt. Er entwickelte die Kriterien weiter.

Lassen Sie mich ehrlich sein – ich habe nicht jede Seite in Grahams wichtigen Büchern *Security*

Analysis (1934) und *The Intelligent Investor* (1949) gelesen. Es sind trockene Sachbücher, und es fehlt mir der Spannungsbogen eines guten Krimis. Aber immer wenn ich reinschaue, bin ich erstaunt darüber, wie frisch die Gedanken noch sind. Mein Lieblingskapitel, das ich manchmal zur geistigen Erfrischung aufschlage, ist sicherlich das Konzept des manisch-depressiven Mr. Market im Kapitel 8 des Intelligent Investor. Es macht mir das Leben leichter zu wissen, dass der Markt manchmal vollkommen über die Stränge schlagen kann und nicht jedes Marktereignis auf meine unzulängliche Analyse zurückzuführen ist. Der Markt sollte mein Diener sein und nicht mein Herr, und er soll für mich und nicht ich für ihn arbeiten. Dieses Kapitel hilft mir, in Krisenzeiten den Kopf über Wasser zu halten.

Interessant finde ich, dass Graham sehr viel Wert auf Diversifizierung legte – die einzelne Aktie, der Kontakt zum Management, die Produkte, das Geschäftsmodell, die Technologie waren ihm nicht so wichtig. Hingegen stand die Bilanz für ihn im Mittelpunkt. Was ist in der Bilanz und wie hoch ist die dauerhafte Ertragskraft?

Wenn man Grahams Aktiensuchfilter anwendet, so lernt man, dass sie nicht in allen Marktphasen gleich viele Ergebnisse liefern. Sie funktionieren gut, sie liefern also gute Performance, aber nur in manchen Marktphasen finden diese Filter überhaupt ausreichend viele packende Firmen. Das sind meistens Momente großer Börsenunruhe. Und dann sollte man auch beherzt zugreifen und mit Grahams Prinzipien investieren.

In gewisser Weise sind Grahams Filter (da sie auf die absolute und nicht die relative Attraktivität von Aktien abstellen) auch Timing-Indikatoren. Wenn sie viele Ideen liefern, dann ist der Markt billig und wird sich kräftig erholen.

Meine Lieblingserkenntnisse aus Grahams Werk:

- Beim Investieren geht es um Wert und Preis.

- Der Preis fluktuiert in irrationaler Weise jeden Tag an der Börse, Börsenkurse können nicht prognostiziert werden.

- Alles normalisiert sich und kommt zu einem Mittelwert zurück – Bäume und Bewertungen wachsen nicht in den Himmel. Was billig ist, wird teuer, was teuer ist, wird billig.

- Den Wert muss der Investor für sich selbst ermitteln. Für die Wertfindung stehen am Ausgangspunkt der Analyse die Bilanz und Gewinn- und Verlustrechnung.

- Wenn der Wert über dem Preis liegt, kann man investieren. Da die Analyse fehlerhaft sein kann, ist eine Sicherheitsmarge bei der Entscheidung erforderlich.

- Risiko besteht darin, dass die Ertragskraft eines Unternehmens dauerhaft leidet, hat aber nichts mit »Beta« und Börsenkursschwankungen zu tun.

- Die Rendite, die der Investor erzielt, ist direktes Resultat der Intensität seiner intelligenten Analyse. Logik und korrektes Schlussfolgerung sind entscheidend, nicht die Meinung der Mehrheit.

In diesen wenigen Sätzen steckt genügend Substanz für ein ganzes Investorenleben. Warren Buffett zieht den Vergleich mit einem Theologiestudenten, der nach einem langem Studium merkt, dass alles Wesentliche in den Zehn Geboten gesagt wird. Die Eckpfeiler von Benjamin Graham reichen im Kern aus, der Rest ist dann nur noch Fleißarbeit.

Dr. Hendrik Leber

JOHN MIHALJEVIC

THE MANUAL OF IDEAS

»Willkommen am Grabbeltisch der Geldanlage!« Mit dieser alternativen Kapitelüberschrift lässt sich Benjamin Grahams Anlagestil auf den Punkt bringen. Seinen Ansatz stellte er vor Jahrzehnten in dem Buch *Security Analysis* (deutsch: *Die Geheimnisse der Wertpapieranalyse*) vor, geschrieben zusammen mit David Dodd, wie Graham selbst Professor an der Columbia University. Geldanlage nach Graham-Art beginnt ganz schamlos mit dem Preis einer Aktie: Wenn der, gemessen an konkreten Kennzahlen, nicht äußerst günstig aussieht, sind Graham-Anleger nicht mehr interessiert. Das betrachtete Unternehmen mag das beste sein, das es je gegeben hat, doch das Billigheimer-Segment der Anleger-Community wird es nicht weiter beachten. Und gerade wegen dieser Diszipliniertheit können Deep-Value-Anleger dort Erfolg haben, wo sich andere kaum hinwagen: an die Schattenseite der Börse.

Schicke Läden für den Kauf von CDs, wie der Virgin Megastore am Union Square in New York, sind eine aussterbende Gattung – aber wer früher gern in ihnen gestöbert hat, kennt sicher auch ihre Ecken mit Sonderangeboten. Meist liegen sie etwas versteckt und bekommen weniger Aufmerksamkeit als die neuesten Top-Ten-Sammlungen. Anders als die reguläre Ware sind die Schnäppchen-CDs auch nicht ordentlich sortiert in Regalen zu finden, sondern wurden einfach auf einen Wühltisch oder in eine große Kiste gekippt. Damit bleibt es dem Kunden überlassen, darin mühsam Mittelmäßiges, Schlechtes und noch Schlechteres zu unterscheiden – und gelegentlich etwas richtig Gutes zu finden. Für die Sonderangebote gibt es kein Rückgaberecht, sodass das gesamte Risiko beim Käufer liegt. Obendrein ist die Chance, beim Stöbern interessante Vertreter des anderen Geschlecht zu treffen, geringer – wenn man nicht gerade jemanden sucht, der sich zum Abendessen auch gern zu McDonald's einladen lässt. Um diese Art von Schnäppchenjagd zu mögen, muss man also schon etwas speziell sein. Das Gleiche gilt für Geldanlage im Graham-Stil.

Die meisten von uns halten Schnäppchenjagd grundsätzlich für eine gute Idee, aber nur wenige machen dabei wirklich mit. Bei der Abwägung zwischen Qualität und Preis neigen die meisten Anleger in Richtung Qualität; sie sind also bereit, sich mehr Sicherheit und Ruhe etwas kosten zu lassen. An einer solchen Entscheidung ist nichts

Verkehrtes: Schließlich ist weithin bekannt, dass auch Warren Buffett bei seinen Investitionen inzwischen stärker auf Qualität setzt. Allerdings hat er auch durchblicken lassen, dass dieser Wandel zumindest zum Teil eine Reaktion auf das unaufhaltsame Anwachsen des von ihm anzulegenden Vermögens war.

In seinem privaten Portfolio investierte Buffett auch dann noch in Schnäppchen nach Graham-Art, als Berkshire Hathaway schon längst begonnen hatte, sich auf hochwertige Unternehmen zu konzentrieren. Einen Teil seines eigenen Geldes soll er in südkoreanische »Net-Nets« gesteckt haben: Unternehmen, deren Börsenwert niedriger ist als ihr Umlaufvermögen abzüglich aller Verbindlichkeiten. Der Anlageansatz von Zeke Ashton, Managing Partner bei Centaur Capital Partners, hat sich ähnlich entwickelt. »Wir mögen es zwar viel lieber, wenn wir Ideen für hochwertige Unternehmen mit exzellentem Management haben, die langfristig Wert schaffen können. Aber zum richtigen Preis kaufen wir auch mittelmäßige Assets.«

Mit der Strategie, Aktien zu kaufen, deren Kurs unter dem Wert der aus ihrer Bilanz ablesbaren Aktiva des jeweiligen Unternehmens liegt, haben viele Value-Investoren im Lauf ihrer Karriere hohe Renditen erzielt. Benjamin Graham, Walter Schloss, John Neff und Martin Whitman sind nur ein paar Beispiele dafür. Allerdings sollte man in diesem Zusammenhang auch nicht verschweigen, dass viele der erfolgreichsten unter ihnen, allen voran Warren Buffett und Joel Greenblatt, inzwischen weniger auf Unterbewertung setzen als auf hochwertige Unternehmen – und dass sie damit noch beeindruckendere Renditen erreichen.

Trotzdem hat sich der Graham'sche Ansatz, in rein rechnerisch gesehen billige Aktien zu investieren, als bemerkenswert langlebig erwiesen. Dazu Tobias Carlisle, Gründer von Eyquem Investment Management:

> *»Dass seine Strategie der Suche nach unterbewertetem Nettoumlaufvermögen so robust ist, zeigt die Genialität von Ben Graham – 76 Jahre nach ihrer Erstveröffentlichung funktioniert sie auch in zeitlich und geografisch ganz anderen Märkten noch immer. Die Strategie*

wurde in vielen Fachaufsätzen untersucht. Zwei der bedeutendsten davon sind ›Ben Graham's Net Current Asset Values: A Performance Update‹ von Professor Henry Oppenheimer und ›Graham's Net-Nets: Outdated or Outstanding?‹ von James Montier. Professor Oppenheimer hat US-Aktien mit unterbewertetem Nettoumlaufvermögen von 1970 bis 1983 analysiert; ihre durchschnittliche Rendite pro Jahr betrug 29,4 Prozent, die des Vergleichsindex nur 11,5 Prozent. Montier untersuchte die Performance solcher Aktien aus aller Welt zwischen 1985 und 2007 und kam auf eine durchschnittliche Jahresrendite von 35 Prozent gegenüber 17 Prozent beim Index.«

Benjamin Grahams Pionierarbeit bietet einen Rahmen dafür, über den Wert eines Unternehmens im Fall einer Liquidation nachzudenken. Wenn der geschätzte Liquidationswert über dem Börsenpreis liegt, könnte man zu dem Schluss kommen, dass ein Unternehmen tot mehr wert wäre als lebendig. In ihrem Buch *Security Analysis* sprachen sich Graham und Dodd jedoch dafür aus, in solchen Fällen die Werte in der Bilanz nach unten anzupassen, um den üblicherweise komplizierten Prozess der Liquidation zu berücksichtigen.

Letztlich können Anleger sowohl im Buffett- als auch im Graham-Stil Geld verdienen. Wichtige Überlegungen sind hier persönliche Vorlieben in Bezug auf die für den jeweiligen Stil nötigen Analysen und die Disziplin, die man für eine konsistente Anwendung des gewählten Ansatzes braucht. Vielleicht ist das der Grund dafür, dass viele Anleger einen bestimmten Ansatz wählen und dann dabeibleiben oder dass sie irgendwann dauerhaft umsteigen. Anleger, die beide Ansätze im gleichen Anlagevehikel gleichzeitig mit Erfolg anwenden, trifft man dagegen nur selten.

1. Geldanlage im Stil von Benjamin Graham beginnt schamlos mit dem Preis einer Aktie. Wenn er gemessen an konkreten Kennzahlen nicht äußerst günstig aussieht, sind nach Graham-Art agierende Anleger nicht mehr daran interessiert.

2. Die Ökonomen Eugene Fama und Kenneth French haben den Zusammenhang zwischen Kursentwicklung und Kurs-Buchwert-Ver-

hältnis von Aktien untersucht. Dabei zeigte sich, dass Papiere mit einem niedrigen Kurs-Buchwert-Verhältnis konsistent besser abschneiden als solche mit einem hohen.

3. Eine Art Heiliger Gral für Deep-Value-Anleger wären Unternehmen, die eine gewisse Absicherung durch hohe Vermögenswerte in der Bilanz bieten und gleichzeitig Geschäftsbereiche mit hohen Kapitalrenditen aufweisen. Diese Kombination ist allerdings fast unmöglich zu finden, wenn ein Unternehmen nicht gerade einen steilen Gewinnrückgang verzeichnet hat.

4. Indem sie Ausschüttungen an die Aktionäre hohe Priorität geben, können auch Unternehmen mit niedriger Kapitalrendite Anlegern zu ansehnlichen Anlagerenditen verhelfen – vorausgesetzt, der Einstiegskurs war hinreichend günstig.

5. Häufig setzen Anleger den möglichen Liquidationswert zu hoch an, denn die Realität eines sterbenden Unternehmens kann unschöne Überraschungen mit sich bringen.

6. Bei der Geldanlage kann es sich bezahlt machen, ein gewisses Unwohlgefühl hinzunehmen: Gerade Aktien, die vielen Angst machen, werden zu außergewöhnlich niedrigen Bewertungen gehandelt.

7. Bei Investitionen in Unternehmen mit hohen Vermögenswerten, aber niedrigen Renditen kann die Zeit gegen die Anleger arbeiten. Solange das Management an den Aktiva festhält und Geld zu niedrigen Renditen reinvestiert, kann die Rendite für Aktionäre trotz eines günstigen Einstiegskurses unbefriedigend bleiben. Aus diesem Grund sollte man sich mit der Frage möglicher Katalysatoren beschäftigen.

8. Unternehmen, die zu Deep-Value-Preisen gehandelt werden, fallen am ehesten dem Wirtschaftsprozess der kreativen Zerstörung zum Opfer. Deshalb ist es nicht ratsam, einen großen Anteil des verfügbaren Kapitals in eine einzelne Deep-Value-Aktie zu stecken, selbst wenn sie eine hohe Rendite zu versprechen scheint.

9. Mit gezielten Überlegungen lässt sich die Wahrscheinlichkeit dafür erhöhen, dass eine Filterung von Aktien nach Graham-Kriterien eine Liste von Kandidaten hervorbringt, die den Markt schlagen können. Als Auswahlfaktoren bieten sich Aktienrückkäufe, Insiderkäufe und durch abnehmendes Working Capital frei werdende liquide Mittel an.

10. Die Bewertung eines Unternehmens allein anhand von aus der Bilanz ablesbaren Zahlen reicht nicht aus: Sie lässt die Möglichkeit außer Acht, dass die vorhandenen Aktiva mit der Zeit an Wert verlieren können.

John Mihaljevic

PROF. DR.
MAX OTTE

IFVE INSTITUT FÜR
VERMÖGENSENTWICKLUNG

Benjamin Graham (8.5.1894–21.9.1976) ist der unbestrittene Gründervater des Value-Investing. Fast drei Jahrzehnte lang – von 1928 bis 1956 – hielt er eine zweistündige Vorlesung zur Wertpapieranalyse an der Columbia University in New York, die mit Fug und Recht als Keimzelle des Value-Investing gilt. Hier lernte ein Großteil der Value-Investoren der nächsten Generation, u. a. William Ruane, Walter Schloss und Warren Buffett. Sogar Charles Brandes kommt aus der Graham-Schule – er war in den späten Jahren Grahams Broker.

Auch heute noch lohnt es sich, sich intensiv mit Grahams Schriften auseinanderzusetzen. *The Intelligent Investor* ist immer noch das vielleicht wichtigste Werk zum Investing. Nun hat der FinanzBuch Verlag dankenswerter Weise die Graham-Box mit Grahams wichtigster Schrift herausgebracht: *Intelligent Investieren.*

Benjamin Graham wurde 1894 als Benjamin Grossbaum in London geboren. Die Familie wanderte nach New York aus, als Ben ein Jahr alt war. Später änderte er seinen Namen in das angelsächsische »Graham«. Zunächst ging es der

Familie – der Vater war Porzellanhändler – gut: man hatte eine Dienstmagd, einen Koch und eine Gouvernante. Als der Vater jedoch 1903 starb, begann der langsame wirtschaftliche Abstieg. Zunächst wandelte die Mutter das Haus der Familie in eine Pension um. Im Crash von 1907 wurde sie ruiniert, weil Sie Aktien auf Kredit gekauft hatte. Die folgenden Erniedrigungen hinterließen tiefe Wunden. Ben erinnerte sich Zeit seines Lebens daran, dass er einen Scheck einlösen wollte und der Bankangestellte fragte: »Is Dorothy Grossbaum good for five dollars?«

Graham zeichnete sich durch herausragende Intelligenz aus. Aufgrund eines Stipendiums konnte er an der Columbia University studieren und seinen Bacherlor-Abschluss machen. Bereits vor seinem Abschluss wurden ihm Stellen als Lehrbeauftragter in Philosophie, Englisch und Mathematik angeboten.

Ben allerdings zog es an die Wall Street, wo er 1914 seine erste Stelle antrat. In jener Zeit war die New Yorker Börse ein Spiel für Insider, das wenig berechenbaren Gesetzen folgte. Kurz nach Grahams Berufseintritt schloss die New Yorker

Börse aufgrund des Beginns des Ersten Weltkriegs. Als es dann aber im November desselben Jahres weiterging, bewies Graham schnell sein Talent mit unkonventionellen Investmentideen. Auch andere Anleger vertrauten ihm ihre Vermögen an.

Im Aktienboom der Zwanziger Jahre verdiente Graham ein Vermögen. Die Nachkriegsjahre waren gute Jahre: Eines seiner bekanntesten frühen Investments ist die Aktie der Northern Pipeline Co.: Der Kurs der Aktie betrug 56 $. Graham hatte herausgefunden, dass das Unternehmen hochwertige Anleihen im Wert von mindestens 80 $ je Aktie hielt. Graham kaufte die Aktien und drängte das Management, die Dividenden zu erhöhen, da das Unternehmen offensichtlich diese Kapitalreserven nicht benötigt. Nach drei Jahren waren seine Aktie 110 $ das Stück wert. Dieses Engagement zeigt sehr deutlich Grahams Prinzipien: durch eine gründliche Analyse hatte er herausgefunden, dass er die Aktie mit einer deutlichen Sicherheitsmarge zum inneren Wert kaufen konnte.

Allerdings: auch an Graham ging der Börsencrash von 1929 nicht spurlos vorbei. Zwischen 1929 und 1932 sank der Wert der Investments seiner Firma um ungefähr 70 Prozent. Aber die Graham-Newman Corporation überlebte. Das war an sich schon eine hervorragende Leistung, denn der Dow Jones fiel im selben Zeitraum von 381 auf 41 Punkte, das sind ungefähr 90 Prozent. Nun tat Graham etwas, das man sich von allen Investment-Managern wünschen würde: er und sein Partner Jerome Newman arbeiteten fünf Jahre lang ohne Vergütung, bis das Vermögen ihrer Mandanten wieder hergestellt war. Obwohl der Aktienmarkt im Koma lag, fanden sich gerade in der Großen Depression viele Investmentmöglichkeiten, die Grahams Kriterien entsprachen.

Bereits 1928 hatte Graham begonnen, eine Vorlesung zur Wertpapieranalyse an der Columbia University zu halten. Bald wurde er von David Dodd, einem jungen Professor, unterstützt, der seine Ideen in Lehrmaterial umsetzte. Im Jahr 1934 veröffentlichen beide *Security Analysis (Die Geheimnisse der Wertpapieranalyse)*, das bis heute als Standardwerk aller Value-Investoren gilt. Das

850-seitige Opus enthält eine Fülle von Beispielen und Einsichten, die auch heute noch Gültigkeit haben. Allerdings dürfte die schwierige Sprache viele »normale« Leser abschrecken. Neben *Security Analysis* ist das 1949 veröffentlichte *The Intelligent Investor (Intelligent Investieren)* sein bekanntestes Buch. Grahams Vorlesungen waren sehr populär, bereits im Januar 1929 wollten sich 150 Studenten einschreiben. Auch nach dem Börsencrash waren die Kurse voll belegt. Sie trugen maßgeblich zum guten Ruf der Columbia Business School bei. Graham beendete seine Lehrtätigkeit nach über einem Vierteljahrhundert im Jahr 1956, als er sich aus dem Geschäftsleben zurückzog.

Graham war es, der als erster zwischen *Investment* und *Spekulation* unterschied: »An investment operation is one which, upon thorough analysis, promises safety of principal and a satisfactory return. Operations not meeting these requirements are speculative.« (Ein Investment verspricht, nach einer gründlichen Analyse, die Sicherheit des eingesetzten Kapitals und eine angemessene Rendite. Engagements, die diese Erfordernisse nicht erfüllen, sind spekulativ.)

Fünf Grundprinzipien durchziehen Grahams Werk: 1. der Kauf einer Aktie als Anteil eines Unternehmens, 2. die Sicherheitsmarge bzw. die Rendite als Funktion des Preises (nur wer billig einkauft, wird auf Dauer eine angemessene Rendite erzielen), 3. die Irrationalität des Marktes, 4. die Risikominimierung durch die Sicherheitsmarge und 5. die Kontrolle der eigenen Emotionen.

Ein Unternehmen kaufen: Aktien sind keine Papiere, sondern Unternehmensanteile. Investoren sollten also nicht auf den Markt schauen, sondern auf das Unternehmen. Wie sind die Geschäfts- und Gewinnaussichten? Wie ist die Vermögenslage? Wie agiert das Management? Auch, wenn man nur einige Aktien erwirbt, ist es unabdingbar, sich einen Eindruck vom Unternehmen zu verschaffen.

Die Sicherheitsmarge – einen Dollar für 60 Cent oder weniger kaufen: Graham fokussierte sich sehr stark auf die Bewertung der Vermögensgegenstände. Er betrachtete weniger die weichen Faktoren wie Marketing, Forschung und Entwicklung und Management. Ein bekanntes

Investmentprinzip Grahams ist das *Net-Net-Prinzip,* bei dem Aktien möglichst unter dem Buchwert des Umlaufvermögens abzüglich aller Schulden gekauft werden sollte. Das heißt, dass die Börsenkapitalisierung geringer als das Nettoumlaufvermögen abzüglich der langfristigen Schulden sein sollte.

In *The Intelligent Investor* stellt Graham allerdings auch eine Formel zur Bewertung von Wachstumswerten vor:

Wert =
*Normalisierter Jahresgewinn **
*(8,5 + 2 * erwartete Wachstumsrate)*

Die Irrationalität des Marktes: Um den zweiten Punkt zu illustrieren, erfand Graham das Beispiel von »Mr. Market«. Mr. Market kommt täglich zu Ihnen, um Ihnen Aktien zum Kauf anzubieten oder selbst Kaufangebote zu machen. Sie können ihn so lange abweisen wie Sie wollen, aber sie werden ihn nie entmutigen, weiter seine Angebote abzugeben. Mr. Market ist sehr emotional und schwankt zwischen übertriebenem Optimismus und nicht gerechtfertigtem

Pessimismus. Der intelligente Investor ist ein Realist, der dann kauft, wenn Mr. Market zu pessimistisch ist und dann verkauft, wenn Mr. Market zu optimistisch ist. Er sollte sich nie von den Launen des Mr. Market leiten lassen. Mr. Market ist dazu da, dem Investor zu dienen, nicht, dazu, dass der Investor sich von ihm leiten oder beeinflussen lässt. Der Investor sollte sich auf seine Unternehmen konzentrieren und nicht auf die unsichere Psychologie des Mr. Market.

Risikominimierung: Für Graham gibt es keine »sicheren« Investments. Egal, wie sorgfältig Sie Ihre Analyse durchgeführt haben, Sie können sich immer noch irren. Nur durch eine ausreichende Sicherheitsmarge beim Einstandspreis kann der Investor sich gegen die Irrtümer schützen, die er unweigerlich in seiner Laufbahn als Analyst und Investor begehen wird.

Disziplin und Selbstkontrolle: Investoren müssen kritische Denker sein, die die Fakten überprüfen und sich nicht von den Moden und Stimmungsschwankungen der Finanzmärkte leiten lassen. Mit Disziplin und Methode kann man auch – und gerade – in den schlimmsten Bärenmärkten gute Investmentmöglichkeiten finden. Investoren sind dann erfolgreich, wenn Sie Disziplin, Unabhängigkeit und kritisches Denken entwickeln und sich nicht von den Stimmungen anderer Leute beeinflussen lassen.

Graham wird nicht müde, in seinen Büchern zu betonen, dass jede Situation anders ist und dass kein Weg darum herum geht, sich seine eigenen Gedanken zu machen. Seine Bücher präsentieren keine Erfolgsformeln, sondern sollen helfen, das Denken zu lernen.

Auch privat war Graham, sagen wir, ein beweglicher Geist. Nach drei Ehen und einer Vielzahl von Affären starb er im Jahr 1976 in den Armen seiner Geliebten an der Côte d'Azur.

Graham hat einmal gesagt, dass er sich wünschte jeden Tag etwas Kreatives, etwas Verrücktes und etwas Großzügiges zu tun. Für Warren Buffett ist Grahams Großzügigkeit der herausragende Charakterzug. Graham war immer bereit, seine Ideen mit Freunden zu teilen und diesen mit Rat und Tat zur Seite zu stehen. Auf seine Schüler hinterließ er als Mensch und Lehrer einen bleibenden Eindruck: zwei von ihnen, Warren Buffett und Irving Kahn, gaben ihren Söhnen seinen Namen.

Prof. Dr. Max Otte

WEITERE BÜCHER ÜBER VALUE INVESTING, DIE SIE INTERESSIEREN KÖNNTEN

Buffett, Warren; Schroeder, Alice: *Warren Buffett – Das Leben ist wie ein Schneeball* – Warren Buffets einzige, offizielle Biografie.

Cunningham, Lawrence: *Die Essays von Warren Buffett* – genießen seit mehr als zwei Jahrzehnten Kultstatus.

Graham, Benjamin: *Die Geheimnisse der Wertpapieranalyse* – »... ein Plan zu investieren, dem ich schon seit 57 Jahren folge. Es gab nie einen Grund, diesen Plan zu ändern.« (Warren Buffett).

Leber, Hendrik; William Green; Michael O'Brien: *The Great Minds of Investing* – fantastische Portraits der größten Value Investoren der Welt und die Essenz ihres Investmentstils, u.a. Warren Buffett, Charlie Munger oder Howard Marks.

Marks, Howard: *Der Finanz-Code* – Die Erfolgsphilosophie eines der letzten großen Investoren.

Mihaljevic, John: *Das Value-Investing-Handbuch* – die bewährten Strategien der besten Value-

Investoren der Welt, u.a. Benjamin Graham, Warren Buffett oder Seth Klarman.

Miller, Jeremy – *Warren Buffetts fundamentale Investment-Geheimnisse* – die gesammelten, kommentierten und von Warren Buffett autorisierten Briefe von Buffett Partnership Ltd. zwischen 1956 und 1970.

Otte, Max: *Endlich mit Aktien Geld verdienen* – Strategien und Techniken von einem der bekanntesten deutschen Value Investoren.

Spier, Guy: *Die Value-Investor-Ausbildung* – ein spannender Werdegang von einem Möchtegern-Gordon-Gekko hin zu einem erfolgreichen Value- Investor.

Triffin, Greg: *Charlie Munger* – das erste deutschsprachige Buch über Warren Buffetts genialen Kompagnon.

MEINE NOTIZEN ZU

INTELLIGENT INVESTIEREN

Price is what you pay, value is what you get!

Price is what you pay, value is what you get!

Price is what you pay, value is what you get!

Price is what you pay, value is what you get!

Price is what you pay, value is what you get!